Poemas e Crônicas da minha Devoção

Editora Appris Ltda.
1.ª Edição - Copyright© 2023 do autor
Direitos de Edição Reservados à Editora Appris Ltda.

Nenhuma parte desta obra poderá ser utilizada indevidamente, sem estar de acordo com a Lei nº 9.610/98. Se incorreções forem encontradas, serão de exclusiva responsabilidade de seus organizadores. Foi realizado o Depósito Legal na Fundação Biblioteca Nacional, de acordo com as Leis nºs 10.994, de 14/12/2004, e 12.192, de 14/01/2010.

Catalogação na Fonte
Elaborado por: Josefina A. S. Guedes
Bibliotecária CRB 9/870

T591p
2023
	Tinoco, Carlos Alberto
	   Poemas e crônicas da minha devoção / Carlos Alberto Tinoco
	1. ed. – Curitiba : Appris, 2023.
	   102 p. ; 21 cm.
	
	   ISBN 978-65-250-4027-1
	
	   1. Poesia brasileira. 2. Crônicas brasileiras. I. Título.
	
	                                                      CDD – 154.2

Appris editora

Editora e Livraria Appris Ltda.
Av. Manoel Ribas, 2265 – Mercês
Curitiba/PR – CEP: 80810-002
Tel. (41) 3156 - 4731
www.editoraappris.com.br

Printed in Brazil
Impresso no Brasil

CARLOS ALBERTO TINOCO

POEMAS E CRÔNICAS DA MINHA DEVOÇÃO

FICHA TÉCNICA

EDITORIAL	Augusto Vidal de Andrade Coelho
	Sara C. de Andrade Coelho
COMITÊ EDITORIAL	Marli Caetano
	Andréa Barbosa Gouveia (UFPR)
	Jacques de Lima Ferreira (UP)
	Marilda Aparecida Behrens (PUCPR)
	Ana El Achkar (UNIVERSO/RJ)
	Conrado Moreira Mendes (PUC-MG)
	Eliete Correia dos Santos (UEPB)
	Fabiano Santos (UERJ/IESP)
	Francinete Fernandes de Sousa (UEPB)
	Francisco Carlos Duarte (PUCPR)
	Francisco de Assis (Fiam-Faam, SP, Brasil)
	Juliana Reichert Assunção Tonelli (UEL)
	Maria Aparecida Barbosa (USP)
	Maria Helena Zamora (PUC-Rio)
	Maria Margarida de Andrade (Umack)
	Roque Ismael da Costa Güllich (UFFS)
	Toni Reis (UFPR)
	Valdomiro de Oliveira (UFPR)
	Valério Brusamolin (IFPR)
SUPERVISOR DA PRODUÇÃO	Renata Cristina Lopes Miccelli
ASSESSORIA EDITORIAL	Tarik de Almeida
REVISÃO	Bruna Fernanda Martins
	Isabela do Vale Poncio
DIAGRAMAÇÃO	Renata C. L. Miccelli
CAPA	Sheila Alves

AGRADECIMENTOS

Agradeço à Renata Cristina Lopes Miccelli pelas ilustrações deste livro.

Prefácio

No seu consistente percurso existencial, professor Tinoco dá uma significativa contribuição ao trazer e manter vivos textos e literaturas sagradas de antigas culturas e tradições espirituais. Desde as Upanishads até sua principal obra, em andamento, os Brahma Sutras são mais de 40 livros editados. Agora, sob a égide do Bhakti Yoga, Tinoco nos surpreende com sua sensibilidade devocional.

Por meio de intuições poéticas nos conduz da dualidade para a unidade; das manifestações do absoluto, do insondável, faz despertar a divindade inata, latente em cada ser. Acima de doutrinas e práticas das diversas religiões nos transporta gentilmente à realidade suprema.

Curitiba, 4 de julho 2022.

Eduardo Sokoloski Jr.

Apresentação

O percurso literário de Carlos Alberto Tinoco, esse potiguar que vive em Curitiba desde 1995, transita pela escrita e comentários da literatura sagrada da Índia, como Upanishads e o Yoga. Às mais de quatro dezenas de livros já publicados junta-se agora este, *Poemas e crônicas da minha devoção*, ricamente ilustrado pelas mãos inspiradas de Renata Cristina Lopes Miccelli, que tão profundamente captou a quintessência das palavras produzidas por Tinoco.

O que tem em mãos, leitor e leitora, são preces em forma de poemas; são experiências de uma vida tão intensamente vivida e agora compartilhadas para além do tempo.

A devoção de Tinoco também a nós, seus leitores, pela veneração, afeição, afeto; pela dedicação com que lhe fluem as palavras e que graciosamente se converte na difícil tarefa de transformar uma experiência em vocabulário – missão das mais complexas –, produzirá no seu leitor quiçá a sensação sentida por ele no momento em que o lermos.

Não tema, leitor e leitora, com a eventual complexidade do léxico: a generosidade de Tinoco nos brinda com um glossário ao final. O que faz com que este *Poemas e crônicas da minha devoção* alcance a todos, na altura em que esteja de seu crescimento pessoal e devocional. Por quê não?

E aqui, como Pan Nalin, diretor do longa-metragem Samsara, reproduzo a pergunta que acompanha Tashi, um jovem monge que abandona o monastério em busca de descobertas e encontra bem-aventurança no mundo exterior: como evitar que uma gota de água jamais seque? Tinoco nos ajuda com a resposta.

Este livro consagra a *sangha:* o empenho que Tinoco tem de manter unidos aqueles que se interessam pelos temas que atravessam sua literatura. Que, de forma missionária – outra vez: por que não? –, Tinoco nos leva, leitores e leitoras, a nos tornarmos mar.

Escolha uma trilha sonora inspiracional. Boa leitura!

Adelaide Strapasson
Advogada, escritora, praticante de Yoga desde 1988

Sumário

SHAKTISANGAMA TANTRA 13

POEMAS DEVOCIONAIS

SAUDADES 18
ANSEIOS DO CORAÇÃO 20
O ROUXINOL 22
ALMAS RODOPIANTES 24
COMO DUAS ESTRELAS QUE SE AMAM 26
O PÁSSARO DO ENTARDECER 28
A PROCURA I 30
O BARDO DO ABSOLUTO 32
O DHARMA 34
O BUDA AMITABA 36
CARTAS 38
O RENUNCIANTE 40
O IMPOSSÍVEL 42
A JORNADA 44
OLHOS CASTANHOS 46
ARCOS DA NOITE 48
TOALHA BRANCA 50
ANJO NEGRO 52
OLHOS TÍMIDOS 54
TEU PERFUME 56
TU VIVES EM MIM 58
MEU SER INTEIRO 60
AS FRONTEIRAS 62
A PROCURA II 64
O ALAÚDE DO AMOR 66
FUSÃO COM O INFINITO 68
O TORVELINHO 70
O MURMÚRIO DA ESCURIDÃO 72
O LAGO DOS MEUS SONHOS 74
A ROUPAGEM DOS TEUS GESTOS 76
O ÂTMAN 78

CRÔNICAS

HARMONIA 82
A ALDEIA DE ANANDA 83
A MÂYÂ DE VISHNU 85
O ZUMBIDO 87
FIÓDOR MIKHALOVICH DOSTOIÉVSKI 89
AYAHUASCA 94

GLOSSÁRIO 97

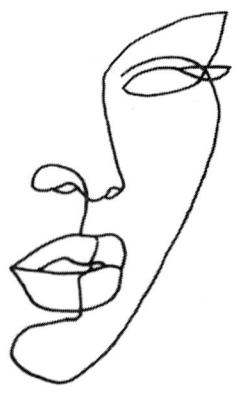

SHAKTISANGAMA TANTRA

A mulher é a criadora do universo.
O universo é a sua forma;
A mulher é o fundamento do mundo,
ela é a verdadeira forma do corpo.
Qualquer forma que ela assuma
é a forma superior.
Na mulher está a forma de todas as coisas,
e de tudo que se move sobre o mundo.
Não há joia tão rara quanto uma mulher,
nem há condição superior àquela de uma mulher.
Não há, não houve nem haverá
nenhum destino igual àquele de uma mulher;
não há reino, nem riqueza,
que se compare a uma mulher;
não há, não houve nem haverá
nenhum lugar sagrado que se compare a uma mulher.
Não há prece igual a uma mulher.
Não há, não houve nem haverá
nenhum Yoga comparável a uma mulher,
nenhuma fórmula mística nem ascetismo
que se compare a uma mulher.
Não há, não houve nem haverá
riqueza mais valiosa que uma mulher.

Na figura acima, foto da "Deusa Mãe". Miniatura do original de um museu em Ancara, na Turquia (foto do autor, 2013).

Poemas Devocionais

SAUDADES

Ó, Senhor da minha vida!
Quisera eu ser como a noite,
Ter mil olhos somente para Te ver.
O mar já não existe,
E as flores que Te dei, naquele momento de saudade
Estão murchas, pela Tua prolongada ausência!

Ó, Senhor da minha vida!

Ouvirás Tu os anseios do meu coração?
Onde poderei encontrar-Te?
Como uma noiva a soluçar
Trago no meu peito essa enorme saudade
Do Teu imenso Amor,
Ó, Senhor da minha vida!

Curitiba, 31/05/2022.

ANSEIOS DO CORAÇÃO

Enquanto a lua for silenciosa e clara,
Tu serás para mim
Como o sol do meio-dia,
A nortear as caravelas da minha alma
Pelos sete mares do mundo!

Ó, Senhor da minha vida!
Quando esta chama ilumina o meu coração,
Sinto a Tua presença
Entrar por portas e janelas
Da minha alma, que anseia por Ti,
Como o pássaro branco, boiando sobre as espumas.

Ó, Senhor da minha vida!

Curitiba, 31/05/2022.

O ROUXINOL

Ó, Senhor da minha vida!
Quando esta chama arde no meu peito,
É como se escutasse os arpejos de mil violões ciganos.
Quando esta chama arde no meu peito,
Sinto-me como o rouxinol, apaixonado pela rosa,
Ou como o pássaro amarelo, cantando ao entardecer.
Ó, Amado da minha vida!
Lembro-me daquela tarde quente de dezembro,
Quando vi, palidamente, o Teu manto branco
Brilhante pelo toque suave dos Teus dedos,
Quando Te vi na aurora dos meus sonhos,
Escutei o som do azul do anoitecer.
Ó Mestre dos meus sonhos!

ALMAS RODOPIANTES

Ó, Senhor da minha vida!
Todas as almas do universo rodopiam
Dançando, mergulhadas no êxtase do Teu Amor.
A gaiola do meu coração foi aberta e
O pássaro que nela havia está solto
Atraído pelo Teu Luminoso Sol.
Ó, Senhor da minha vida!

Com as minhas mãos trêmulas,
Toco as fímbrias do Teu manto
E sinto a Tua doce loucura
Se apoderar do meu Ser inteiro
Através das fissuras do tempo.

Ó, Senhor da minha vida!

Curitiba, 01/06/2022.

COMO DUAS ESTRELAS QUE SE AMAM

Ó, Senhor da minha vida!
Tenho por Ti, entranhado em mim,
Amor tão intenso e profundo
Que nem a força da morte
Será capaz de arrebatá-lo
Do meu coração.

Ó, Senhor da minha vida!
Sinto por Ti um amor
Tão grande, como aquele
Que une duas
Estrelas que se amam.

Ó, Senhor da minha vida!

Curitiba, 02/06/2022.

O PÁSSARO DO ENTARDECER

Ó, Senhor da minha vida!
Tu entoas na concha
Dos meus ouvidos,
Canções de Eternas Melodias.

Ó, Senhor da minha vida!
Tu és o pássaro do entardecer
Gorjeando no meu coração,
O canto suave do Infinito.

Ó, Senhor da minha vida!

Curitiba, 04/06/2022.

A PROCURA I

Ó, Senhor da minha vida!
Arrebataste o meu coração
Com um só dos Teus gestos.
O perfume das Tuas flores
Penetrou na minha alma
E por isso, procurei-O e não Te encontrei.

Ó, Senhor da minha vida!
Antes que o dia decline no horizonte,
Busquei-Te, Ó amado do meu coração,
E, cansado, não Te encontrei.
Chamei-O e Tu não respondeste.
Para onde foi o Meu Amado?

Ó, Senhor da minha vida!

Curitiba, 06/06/2022.

O BARDO DO ABSOLUTO

Ó, Senhor da minha vida!
Tu moras no Bardo do Absoluto,
No seio da Branca Sabedoria,
Aberta e profunda,
Situada muito além do Ego.

Ó, Senhor da minha vida!
Tu estás muito além do Reino das Dakinis,
E ressuscitas, todos os dias,
Como em um milagre bíblico.
Tu és como a deusa Tara
Que anuncia que Tu voltarás da morte.
Ó, Senhor da minha vida!

Curitiba, 07/06/2022.

O DHARMA

Ó, Senhor da minha vida!
Dá-me a Tua graça e a Tua cura
E eu Te darei a minha vida
E o meu coração para que
Tu me conduzas ao centro
Da sabedoria do Dharma,
Onde não há velhice, doença e morte,

Ó, Senhor da minha vida!

Curitiba, 07/06/2022.

O BUDA AMITABA

Ó, Senhor da minha vida!
Tu és como um dragão alado do Dharma.
Tu voas em todos os céus, e quando
O fazes, os demônios são afugentados
Pela Tua Luz!
Ó, Senhor da minha vida!
Tu moras além da Terra Pura
Do Buda Amitaba.
Tu resides nas águas douradas
Dos rios celestes, além, muito além
Da dualidade.

Ó, Senhor da minha vida!

Curitiba, 07/06/2022.

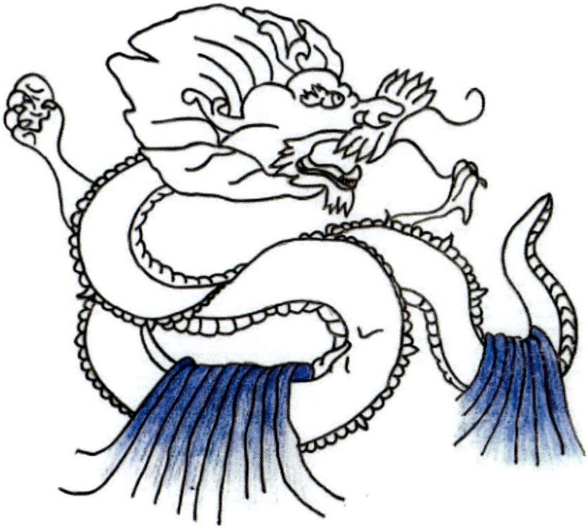

CARTAS

Ó, Amado do meu coração!
As estrelas que brilham na noite escura
São cartas Tuas, enviadas ao meu coração.
As flores que existem nos jardins do mundo
São como a Tua misteriosa caravana
Que atravessa o meu destino.

Ó, Senhor da minha vida!
A luz do sol que se põe atrás da copa
Da grande árvore, povoando os meus sonhos,
É como o amor profundo da noiva
Pelo seu amado.

Ó, Senhor da minha vida!

Curitiba, 24/06/2022.

O RENUNCIANTE

Ó, Senhor da minha vida!
Não desejo ser um renunciante, um Samniasyn,
Desejo ser como o pássaro, que mergulha
No fundo do oceano da vida
E emerge com um peixe no bico.
Quero ouvir o sussurro das ondas,
Em todos os mares do mundo.

Ó, Senhor da minha vida!

Quero ver o azul do céu, o verde das matas.
Quero sentir o toque da brisa, que me
Traz uma mensagem Tua,
Ó, Senhor da minha vida!

Curitiba, 25/06/2022.

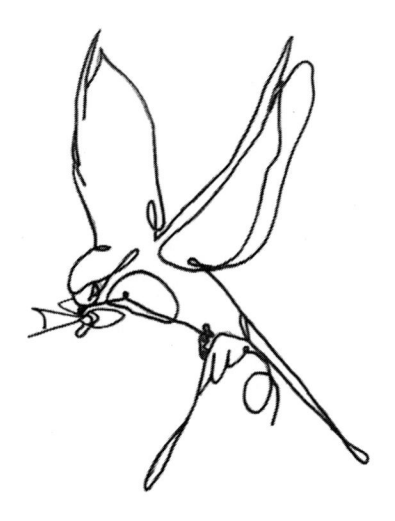

O IMPOSSÍVEL

Ó, Senhor do meu coração!
Por amar o impossível, eu Te procuro
Por onde vou, de passo em passo.
Nesta caminhada que não tem fim.
Na minha busca que nunca termina,
Sigo andando pelos caminhos que podem
Me levar ao coração do Teu Reino de Luz.
Por eu ser infinito como Tu, eu Te
Procuro em cada esquina, em cada casa,
Em cada mundo.
E agora, no outono da minha vida, ainda
Espero encontrá-Lo, para contrair núpcias contigo,
Ó, Senhor do Impossível!

Curitiba, 26/06/2022.

A JORNADA

Ó, Infinito do meu coração!
Não tenho pressa nesta jornada
Na qual caminho, pé ante pé,
Em Tua direção, onde me esperas
Cheio de Graças!
Ó, Senhor da minha vida!
Neste meu anseio por Te encontrar,
Cruzei caminhos, abri porteiras,
Por florestas e mares, passei,
Sem, contudo, Te encontrar.
Ó, Senhor da minha vida!

Curitiba, 26/06/2022.

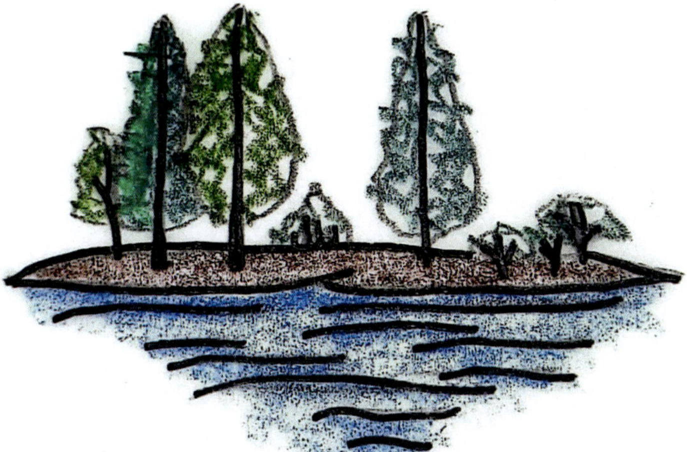

OLHOS CASTANHOS

Ó, Insondável Ser da minha vida!
Tu Te manifestas aos seres humanos
Através de mil formas.
Para mim, Tu me apareces através dos olhos
Castanhos escuros da minha amada.
Ó, Senhor da minha vida!
Enquanto ela falava,
O mar bramia e as suas ondas
Quebravam na orla da praia,
Trazendo-me uma mensagem Tua
Destinada ao meu coração.
Ó, Misterioso Ser da minha vida!

Curitiba, 27/06/2022.

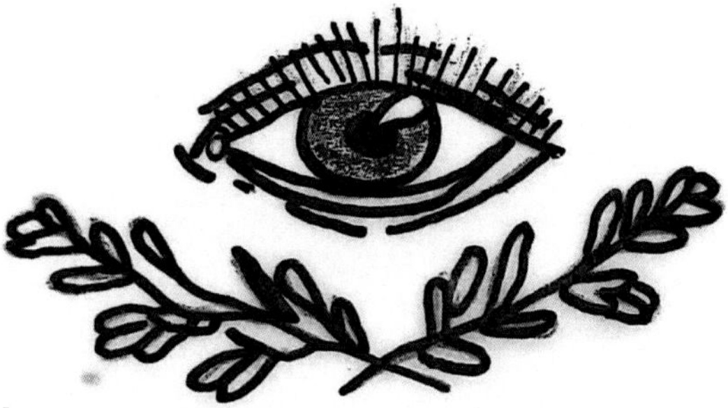

ARCOS DA NOITE

Ó, Amado da minha vida!
Indaguei por Ti, aos arcos escuros da noite,
E nenhuma estrela me respondeu.
Indaguei por Ti, às abóbadas metálicas das auroras,
E nenhum oráculo me respondeu.
Ó, Amado da minha existência!
Por qual motivo Tu insistes em Te ocultar de mim?
Em minha incessante procura, sou como o cantor solitário
Buscando encontrar-Te em todas as esquinas do mundo.

Ó, Senhor da minha vida!

Curitiba, 27/06/2022.

TOALHA BRANCA

Ó, Doçura da minha vida!
Na sala da minha casa
Abri sobre a mesa uma toalha branca,
Sobre a qual parti o pão da Tua existência
E o distribui com todos os presente.

Ó, Senhor da minha vida!
Em meu silêncio, tenho apenas torres e castelos
Da cor azul das Tuas vestes.
Sou como uma sombra, carregando brancas rosas,
Para entregá-las ao Teu coração,
Ó, Senhor da minha vida!

Curitiba, 27/06/2022.

POEMAS E CRÓNICAS DA MINHA DEVOÇÃO

ANJO NEGRO

Ó, Senhor do meu coração!
Sou como uma folha, soprada pelo vento,
Sou como o anjo negro da solidão,
Ou como uma fonte de águas claras,
Esperado que acabes com as minhas dores.

Ó, Senhor da minha vida!
Tu és o Senhor dos meus sonhos,
Ainda não Te encontrei, nas palmeiras do rio,
Nem nas sombras da noite da
Minha Soledade.
Ó, Senhor da minha vida!

Curitiba, 27/06/2022.

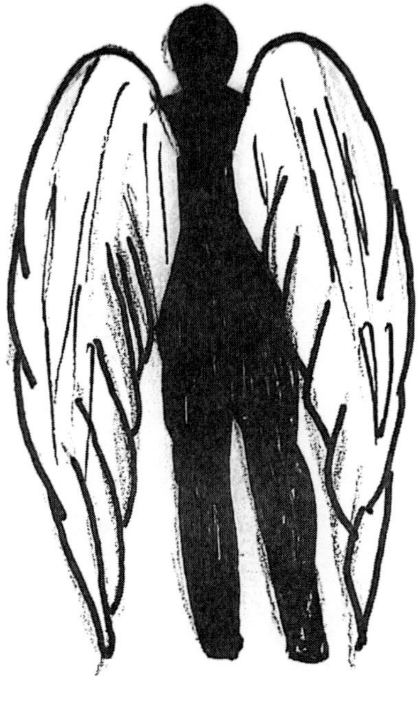

OLHOS TÍMIDOS

Ó, insondável da minha vida!
Conta para mim a história
Maravilhosa daqueles olhos
Que, enquanto falavam-me,
Tu Te revelastes nos meus sonhos.
Ó, Senhor da minha vida!
Tua presença em minha vida
Será como um caminho que me levará
Diante de Ti, onde sentirei o Teu perfume
Que me fará suportar a Tua ausência,
Nas minhas horas de espera,
Longas demais.

Ó, Senhor da minha vida!

Curitiba, 27/06/2022.

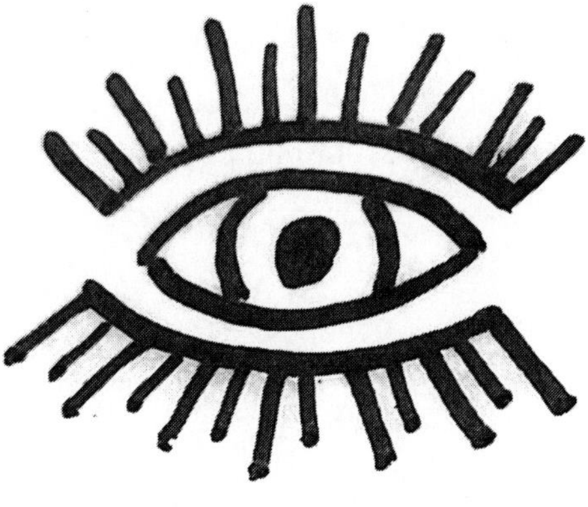

TEU PERFUME

Ó, Insondável Senhor da minha vida!
Ainda não sinto o perfume da Tua presença.
E por isso, não sei se suportarei o passar das
Horas, muito longas, sem o Teu amor.
Nesta doce madrugada fria, em horas de sonhos
Cerrarei meus lábios, por não poder falar Contigo!

Ó, Senhor da minha vida!
Se um dia Tu me falares, o mar irá florir
Em lindas rosas brancas, nos meus sonhos.
Somente tenho olhos para Ti, e nada mais!
Tu despertas em mim o canto do Teu amor.
Há um só caminho que me levará à Tua Paz.

Ó, Senhor da minha vida!

Curitiba, 27/06/2022.

TU VIVES EM MIM

Ó, Senhor da minha vida!
Se vivo, não sou eu quem vive,
Tu vives em mim, com o Teu Amor, sereno e profundo.
Se respiro, não sou eu quem respira.
Tu, em Tua magia, respiras por mim.

Ó, Senhor da minha vida!
Se amo, não sou eu quem ama,
Tu Te manifestas através do meu dom, de
Amar as criaturas, do céu e da terra.
Tu és a verdadeira essência daquilo que Tu És,

Ó, Senhor da minha vida!

Curitiba, 27/06/2022.

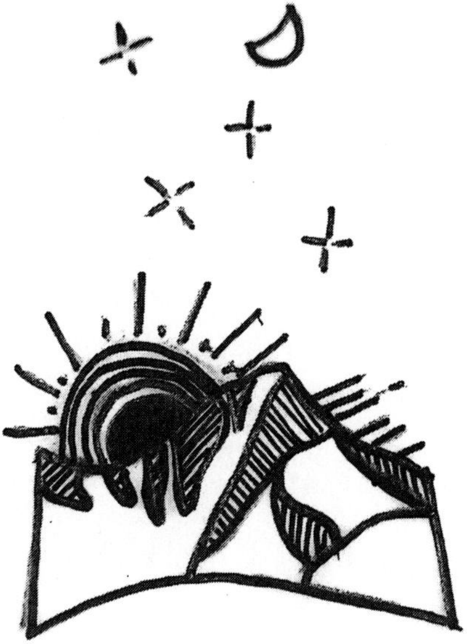

MEU SER INTEIRO

Ó, Ser Infinito, que me inspiras!
Dou-Te minhas mãos
Para que as use, na construção da Tua obra,
Dou-Te a minha alma
Para que nela seja cumprida a Tua vontade.
Dou-Te meu ser inteiro, para que Tu
O ilumines com a Tua Graça,

Ó, Senhor da minha vida!

Curitiba, 27/06/2022.

POEMAS E CRÓNICAS DA MINHA DEVOÇÃO

AS FRONTEIRAS

Ó, Senhor das múltiplas canções!
Ó, Amigo de tantas alegrias,
Ó, Amigo de encontros e desencontros,
Essa noite sonhei Contigo, e Tu eras
Como um mar ignoto e luminoso.
Quisera eu que as fronteiras se desfizessem
E que os homens se encontrassem em Teu Amor!
Ó, Senhor, vem plantar no meu coração
As Tuas Eternas Flores, desabrochando.

Ó, Senhor, das infindáveis canções!

Curitiba, 27/06/2022.

A PROCURA II

Ó, Senhor do meu coração!
Há muitos séculos, eu Te procuro
No mar escuro da minha vida.
Há muitos anos, eu Te procuro
Abrindo portas por onde passo.
Há muitos séculos, eu Te procuro
Na mais ignota estrela que há no céu.
Há milênios, eu Te procuro,
De vida em vida, de corpo em corpo,
Nesta jornada que não tem fim,
Na qual caminho sem Te encontrar.
Por onde andas, Ó, Senhor da minha vida?

Curitiba, 27/06/2022.

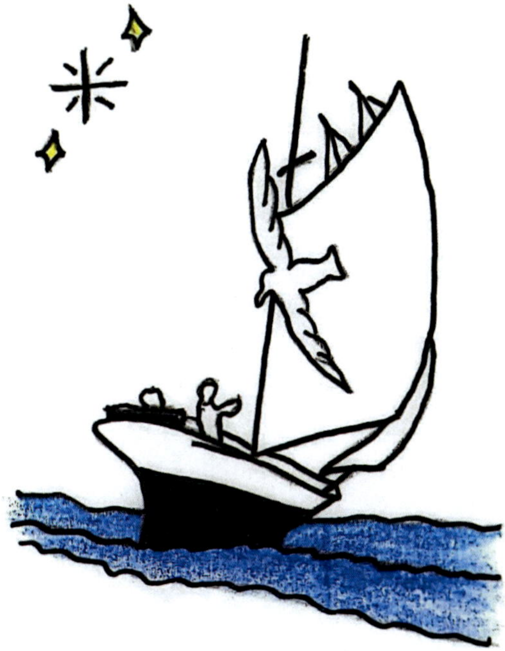

O ALAÚDE DO AMOR

Ó, Amado da minha vida!
Se for da Tua vontade
Nesta noite escura de outono,
Que venhas para embriagar
A minha alma, com o Teu
Imenso Amor, toma em Tuas mãos
O Alaúde do Amor,
E faze jorrar esta música,
Oculta no meu coração,
Para que eu me torne Uno contigo!
Ó, Amado do meu coração!

Curitiba, 27/06/2022.

POEMAS E CRÔNICAS DA MINHA DEVOÇÃO

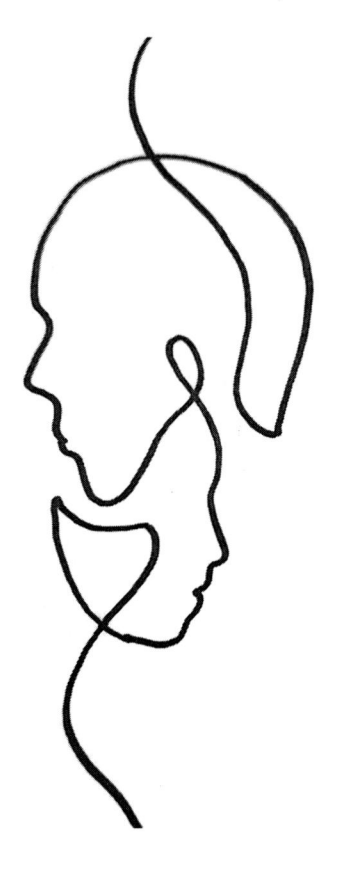

FUSÃO COM O INFINITO

Ó, amado do meu coração!
Por estarmos integrados na mesma
E eterna essência, estamos unidos por
Laços insondáveis, que não se entende.
Eu e Tu somos os mesmos, como
O Atman e o Brahmân, eternos,
Fundidos que estamos, nesse mistério.
No esplendor do silêncio desta madrugada,
Vem me buscar, Ó, meu Senhor,
Pois a Ti desejo unir-me, para sempre,
Ó, Amado do meu coração!

Curitiba, 27/06/2022.

POEMAS E CRÓNICAS DA MINHA DEVOÇÃO

O TORVELINHO

Ó, Senhor da minha vida!
De onde vem este impulso, que
Me arrasta para Ti?
Que força, que instância interrogativa
É esta que me leva para este encontro Contigo?
Eu não Te procuraria se Tu não existisse!
Como um torvelinho que tudo leva
Para o seu centro, há um Poder
Que me atrai, indelevelmente, para Ti,
Ó, Senhor do meu coração!

Curitiba, 27/06/2022.

POEMAS E CRÓNICAS DA MINHA DEVOÇÃO

O MURMÚRIO DA ESCURIDÃO

Ó, Amor do meu coração!
Quando a solidão afastar a alegria,
E uma enorme vontade de ternura
Se derramar sobre o meu Ser.
Quando o nostálgico Amor se instalar
No meu dormir,
Espera, meu Senhor, espera,
Eu estarei Contigo,
Eu estarei Contigo, no som do silêncio,
No murmúrio da escuridão,
No calor do sol, nos Teus braços,
Eu estarei presente, sempre presente,
Porque já somos Um.
Ó, Amor do meu coração!

Curitiba, 27/06/2022.

Poemas e crónicas da minha devoção

O LAGO DOS MEUS SONHOS

Ó, Senhor da minha vida!
Se, porventura, o lago dos meus sonhos,
Onde depositei todo o meu Ser, secar.
Se, porventura, a noite não mais adormecer,
Embalada nos braços meigos do Infinito,
Se, porventura, através das janelas dos Teus olhos
Eu não divisar o mundo de ternura que Tu escondes,
Só então serei como uma rosa branca,
Como uma rosa branca,
Para morrer Contigo!
Ó, Senhor da minha vida!

Curitiba, 27/06/2022.

POEMAS E CRÓNICAS DA MINHA DEVOÇÃO

A ROUPAGEM DOS TEUS GESTOS

Ó, Amado do meu coração!
Então... colori os meus sonhos da cor dos
Teus olhos castanhos.
Vesti-me com a roupagem dos Teus gestos,
Por não poder deixar as Tuas marcas,
Impressas pelo mundo.
Hoje, porém,
Vou vestir as roupagens dos enlevos,
E comemorar, com este poema,
O pouco tempo que permanecemos juntos.
Ó, Amado do meu coração!

Curitiba, 28/06/2022.

Como dois inseparáveis companheiros,

dois pássaros de plumagem dourada

estão empoleirados numa árvore. O primeiro

representa o eu individual (Ego) e o outro representa

o Eu imortal (Âtman). O primeiro prova as frutas

doces e amargas da árvore e o outro, apenas

observa atentamente

(Mundaka Upanishad, III, 1, 1)

O ÂTMAN

Ó, Senhor da minha vida!
Por trás dos meus olhos
Há dois seres: um deles é uma mente
Inquieta, finita, que produz
Um fluxo impuro de pensamentos
E emoções, e também
Há um outro Ser Silencioso, infinito
Que a tudo observa, sem pensar.
Ó, Senhor da minha vida!
Não sou eu quem vejo,
E sim, Aquele Observador.
Não sou eu quem escuto
E sim, Aquele Ser Silencioso.
Este Ser, sou Eu, minha essência,
Eu sou o Âtmân, Eu sou o Brahmân
Das Upanishads.
Ó, Mestre da minha vida!

Curitiba, 10/07/2022.

POEMAS E CRÔNICAS DA MINHA DEVOÇÃO

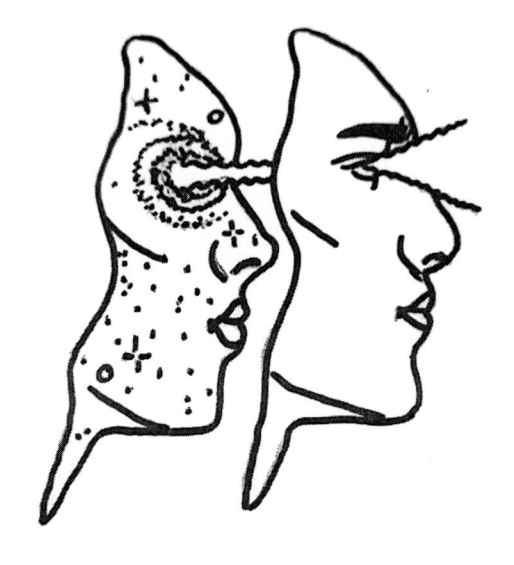

CRÔNICAS

HARMONIA

O músico coloca a pauta sobre o cavalete e executa, na sua flauta, uma harmoniosa peça musical.

Ao concluir, reescreve aquela maravilha em uma nova pauta, colocando, de forma aleatória, aquelas notas, colcheias, fusas e semifusas.

Depois disso, toma a sua flauta nas mãos e toca o que escreveu por último. A música sai desarmoniosa! Depois, executa novamente a primeira peça, agora, bela.

Qual é a fonte dessa harmonia? É o Espírito! A Harmonia, a beleza, a ordem nascem e moram no Espírito! O Espírito é uma partícula do Infinito, do Insondável Brahmân, que é eternamente sábio, puro, perfeito.

Curitiba, 26/06/2022.

A ALDEIA DE ANANDA

A época de maior importância da literatura sagrada da Índia corresponde ao período compreendido entre 800 a.c. e 600 d.c. Nesse intervalo de tempo foram escritas as Upanishads Principais, o Yoga Sutra de Patañjali, o Brahma Sutra de Badharaina, alguns Sutras, os épicos Mahabhârata, Ramayana e o Manarva Dharma Sastra ou Código de Manu, dentre outros. O ano de 600 d.C. marca o início do tantrismo. Nesse intervalo, viveu Buda.

No referido intervalo de tempo, as fronteiras geopolíticas da índia ainda não estavam claramente definidas. O que havia era um conjunto de vários pequenos reinos dirigidos por reis e marajás. O número de aldeias era enorme.

Certo dia, uma aldeia recebeu a visita de um emissário. Ele foi muito bem recebido e após o necessário descanso todos se reuniram para ouvi-lo. Para surpresa de todos, ele informou que em breve chagaria àquela Aldeia de Ananda, um grande mestre espiritual, um samnyasin, um homem santo, devendo este ali permanecer por alguns dias. Seu nome era Swami Krishananda. A data da sua chegada era em breve, porém incerta.

Depois de alguns dias, depois de ser muito bem tratado, o emissário se retirou da aldeia, sob um clima de intensa devoção.

Havia nas redondezas um louco que caminhava quase sem parar e poucos sabiam da sua loucura. A Aldeia Ananda foi surpreendida pela súbita chegada daquele louco, cujo nome era Dayananda. Ao vê-lo caminhando na entrada da aldeia, todos pensaram que se tratava do grande guru Swami Krishananda. Aquela pequena aldeia ficou em polvorosa! Um verdadeiro frenesi se apoderou de todos. O chefe da aldeia o recebeu com sua comitiva, saudando-o com o anjali mudrá e com um gesto de cabeça curvada para a frente, em sinal de muito respeito e reverência. Os aldeões já haviam preparado um cômodo para hospedar o tão aguardado guru. Ele ali permaneceu por poucos dias, sem nada ensinar verbalmente. Aquele silêncio nada tinha de constrangedor, pois todos pensaram que Dayananda ou o "mestre" era um Muni, um sábio que ensinava pelo silêncio.

Depois de alguns dias, Dayananda abandonou a Aldeia de Ananda, para a tristeza de todos. Mas ele não se retirou sozinho. Um pequeno grupo de pessoas o acompanhou e passou a segui-lo por onde fosse.

Depois de alguns dias, aquele grupo se seguidores retornou à aldeia, totalmente modificado. Eles haviam alcançado a Libertação Espiritual, Moksha!

Dayananda nunca mais foi visto nas redondezas.

Na foto acima, aldeia no interior da Índia.

A MÂYÂ DE VISHNU

A palavra Mâyâ é um conceito muito importante da tradição do Darshana Vedanta. A palavra pode ser traduzida por "ilusão". No entanto em textos mais antigos do Darshana ou tradição Samkhya, do Yoga, da Bhagavad Gitâ (VII, 14) e da Svetasvatara Upanishad (IV, 10) a palavra é usada para designar o "poder criativo" referindo-se aos três gunas (Rajas, Tamas e Satva). Apenas para citar um exemplo, vamos ver o que diz o verso I; 64 do S'iva Samhitâ: "Mâyâ (a ilusão) é a mãe do universo material. Foi a partir dela que este universo foi criado. Quando essa Mâyâ é destruída o universo material cessa de existir" (TINOCO, 2009).

Há uma narrativa contada por Joseph Campbell, o conhecido norte-americano estúdio do dos mitos. Ele narrou que no Matsya Purana há o seguinte relato:

Um devoto de Vishnu estava meditando e orando intensamente por aquela deidade e depois de muito orar, ao abrir os olhos, viu aquele deus em sua extraordinária beleza. Ele ficou muito surpreso e enlevado. Dirigiu-se a Vishnu e lhe pediu que lhe fosse mostrada a sua Mâyâ.

Mal terminou de fazer aquele pedido, a sala de meditação começou a girar como um rodamoinho gigante e o devoto entrou em transe. De repente, aquela sala desapareceu e foi surgindo uma vila no interior da Índia. Caminhando pelas ruas o devoto sentiu sede. Bateu palmas na porta de uma casinha e lá de dentro saiu uma moça linda. Ela usava um sari cor de açafrão e veio atendê-lo. Serviu-lhe o copo d'agua e começaram a conversar. E assim, depois de alguns encontros, os dois começaram a namorar, e o tempo passou. O devoto, depois de alguns dias, criou coragem e pediu a moça em casamento. Casaram-se e ele foi morar com os pais da moça. Eram felizes e viveram assim por vários anos. Os pais da jovem faleceram e ele herdou terras do seu sogro. Se mostrou um bom administrador e com ele as terras prosperaram. As vacas produziam leite e com a fartura da terra as colheitas eram sempre abundantes. E assim a vida caminhou.

Nasceram duas crianças, um menino e uma menina. A vida do casal era feliz. O tempo passou e chegou a maturidade para aquele casal. Certo dia, choveu muito e a colheita ficou ameaçada. As chuvas continuaram, dessa vez, ameaçadoras. Até que o rio transbordou, provocando naquelas terras uma grande enchente que foi dizimando tudo. As águas atingiram a casa principal onde morava a família de proprietários. A angústia era crescente. De repente, aquelas águas caudalosas entraram casa adentro e os membros da família se abraçaram, tentado se proteger, mas tudo inútil. O marido segurando a mão da esposa e dos filhos viu, espantado, as águas levarem seus filhos, e num último esforço, sua amada esposa também foi arrastada por aquela enchente.

De repente, aquela cena terrível desapareceu e o devoto se viu novamente diante do amado deus Vishnu. O devoto abriu os olhos e escutou Vishnu lhe indagando:

– Você compreendeu agora a minha Mâyâ?

O ZUMBIDO

Aos 18 anos de idade, muito jovem, ingressei no Partido Comunista Brasileiro. Passei a ler Karl Marx e Vladimir Ilich Ulianov (Lenin), e comecei a exercer atividades junto aos sindicatos de trabalhadores, na cidade do Natal, capital do estado do Rio Grande do Norte, onde morei.

Aos 19 anos, a minha família passava o período de férias escolares veraneando na Praia da Redinha. Por descuido meu, entrou água salgada no meu ouvido esquerdo, causando-me incômodos. Na madrugada de certo dia, despertei com um zumbido insuportável no ouvido esquerdo. Não conseguia me "desligar" daquele chiado e pensei que iria ficar louco. Foi terrível! Esse zumbido ainda existe até hoje.

Perseguido por esse chiado, passei a viver como um zumbi, quase louco de medo, e assim continuei.

Certa ocasião, fui ao banheiro para tomar um banho. O zumbido continuava insuportável. Quando a água começou a cair sobre mim, fiz uma espécie de "juramento" para mim mesmo. Eu disse em pensamento que, doravante, eu oferecia aquele sofrimento à Verdade, que eu mal sabia o que era. Foi um propósito firme, forte, inesquecível! Tudo isso me levou a abandonar o marxismo e me encaminhei para o espiritualismo, de modo definitivo.

Nessa época, recebi de presente do meu amigo Ignácio Magalhães de Sena um exemplar do clássico indiano, a *Bhagavad Guitâ*, cuja leitura muito me impressionou.

A partir de 1981, passei a dedicar-me à prática do Yoga e à leitura de textos clássicos do hinduísmo e passei a traduzi-los para o português, o que faço até hoje.

Foi graças àquele terrível zumbido que a minha vida mudou, definitivamente. Foi um passo dado do terror e do medo para a meditação e a Paz do espiritualismo.

Curitiba, 30/06/2022

CARLOS ALBERTO TINOCO

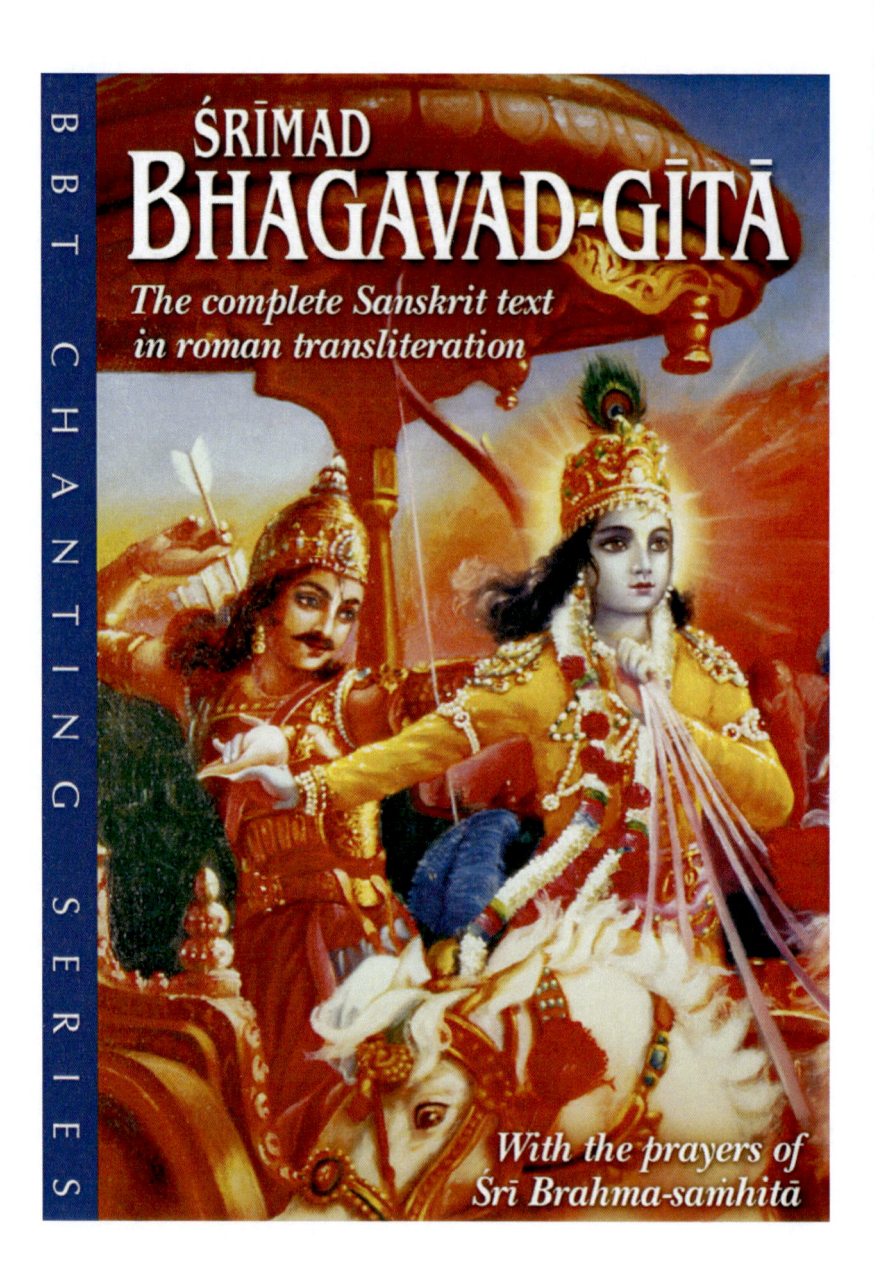

ŚRĪMAD BHAGAVAD-GĪTĀ

The complete Sanskrit text in roman transliteration

BBT Chanting Series

With the prayers of Śrī Brahma-saṁhitā

FIÓDOR MIKHALOVICH DOSTOIÉVSKI

Dostoiévski foi um escritor, jornalista e filósofo russo que nasceu em Moscou, em 11 de novembro de 1821, e faleceu em São Petersburgo, em 9 de fevereiro de 1881, aos 60 anos incompletos, vítima de hemorragia pulmonar associada a um enfisema. Ele é considerado por muitos críticos literários como um dos maiores romancistas e pensadores da história, sendo ainda considerado um dos maiores "psicólogos" que já existiram. Ninguém como Dostoievski conheceu a alma humana tão profundamente. Ele escreveu romances, novelas, contos, memórias, escritos jornalísticos e escritos críticos, nos quais mergulhou profundamente nos porões da mente dos seus personagens.

Na figura acima, Fiódor Mikhailovich Dostoiévski

Sua obra influenciou Friedrich Nietzsche e Sigmund Freud, dois exemplos de influência de Dostoiévski. Não obstante, além do psicanalista e do filósofo, também foi uma forte influência a escritores da metade do século XX. O polêmico romancista Charles Bukowski é um exemplo, além de Jean Paul Sartre.

Dostoievski se formou em engenharia, mas não exerceu a profissão. Tornou-se escritor em tempo integral, sendo também editor de revistas próprias, e participou de atividades políticas. Nos seus livros e artigos desenvolveu temas como a culpa, o livre arbítrio, o racionalismo, o cristianismo, a pobreza, o niilismo, o crime, o altruísmo, o assassinato, os transtornos mentais, a solidão, o sadismo, o masoquismo e o suicídio, dentre outros, quando teve a oportunidade de fazer incursões na natureza íntima do ser humano. É por abordar esses temas que a sua obra é também classificada como sendo formada por escritos psicológicos e filosóficos.

Dostoiévski foi membro do chamado Círculo Petrashevski, organizado por Mikhail Petrashevski, um socialista e seguidor do francês Charles Fourier. Dentre os seus integrantes, havia escritores, estudantes, funcionários públicos e oficiais do exército. A maioria dos seus integrantes se opunha à autoridade do Czar e ao seu sistema de semisservidão. Pertenciam ao círculo Pie-Shechedrin, Maiakov, Taras Shchevshenko, Saltyakova, além de Dostoiévski. Havia um certo clima político contra o Czar, no círculo.

O Czar Nicolau I, pensando na possibilidade de vir a perder o trono da Rússia, admitiu que os membros do círculo eram subversivos, baniu o círculo em 1848 e seus integrantes foram presos e alguns fuzilados. Por isso, Dostoiévski foi detido e remetido à Sibéria, sendo condenado à morte por fuzilamento. No entanto, sua pena foi comutada segundos antes do fuzilamento. Passou 5 anos na Sibéria sob o regime de trabalhos forçados na companhia de criminosos comuns. Depois de solto, passou mais cinco anos como soldado raso em um batalhão siberiano, para cumprir o restante da pena. Foi nessa época que se casou com Maria Issáievna, que morreu tuberculosa. Dostoiévski foi anistiado em 1859, retornado a São Petersburgo, totalmente transformado psicologicamente pela sua dura experiência na Sibéria e pela sua morte eminente pouco antes de ser fuzilado.

Sobre a sua dura experiência na Sibéria, escreveu *Memórias da Casa dos Mortos* em 1861 e *Memórias do Subsolo* em 1864, ambos terríveis!

Dostoiévski era jogador compulsivo, perdendo quase tudo em apostas em roletas de cassinos. Saiu da Rússia por causa do seu vício. Viajou à Europa, visitando a Alemanha, Bélgica, França e Inglaterra. Foi nessa viajem que adquiriu o vício do jogo. Era filho de Mikhail Dostoiévski e Maria Dostoievskaia, não sendo abastados financeiramente. Ele teve um irmão chamado Andrei Dostoiévski.

Foi na prisão na Sibéria que Dostoiévski sofreu o seu primeiro ataque de epilepsia, enfermidade que o acompanharia pelo resto da vida, sendo também a doença de alguns dos seus personagens, como o Príncipe Michikin em *O Idiota*, Kirilov em *Os Demônios* e ainda Smerdiákov, em *Os irmão Karamazov*. Aposentou-se por causa dessa doença em 1859.

Em 1867, Dostoiévski se casou com Anna Snitkina, que passou a chamar-se Anna Grigorievna Dostoievskaia, sua estenógrafa.

Dostoiévski escreveu os seguintes romances:

- *Pobre Gente;*

- *O Duplo;*

- *Humilhados e Ofendidos;*

- *Memória da Casa dos Mortos;*

- *Memórias do Subsolo;*

- *Crime e Castigo;*

- *O Jogador;*

- *O Idiota;*

- *Os Demônios;*

- *O Adolescente;*

- *Os Irmãos Karamazov.*

Além disso, escreveu os seguintes contos notáveis:

- *Noites Brancas;*
- *O Ladrão Honesto;*
- *Uma Árvore de Natal e uma Boda;*
- *A Mulher Alheia e o Marido Debaixo da Cama;*
- *Netochka e Nezvanova;*
- *Senhor Prokharchin;*
- *Romance em Nove Cartas;*
- *A Senhoria;*
- *Pulzunkov;*
- *Coração Fraco;*
- *O Pequeno Herói;*
- *O Sonho do Tio;*
- *Aldeia de Stiepantchikov e seus Habitantes.*

Dostoiévski escreveu frases notáveis, como as seguintes:

"Se alguém provasse que Cristo está fora da verdade, e se ficasse estabelecido que a verdade está fora de Cristo, eu preferiria Cristo à verdade". (disponível em: pensador.com/frases_dostoiev).

No seu romance Os Irmãos Karamazov, o personagem Ivan Karamazov disse: "Se Deus não existe e a alma é mortal, tudo é permitido" (disponível em: brainly.com.br/tarefa/2039111:).

Sempre li muito, desde os 13 anos de idade. Gastava minha mesada comprando livros e discos de vinil de músicas clássicas. Lembro que, certa vez, aos 17 anos li o romance de Dostoiévski *Crime e*

Castigo. O romance me despertou durante a sua leitura uma enorme curiosidade para saber o final. Li tudo em cinco dias. Lembro que, ao chegar ao fim do romance, ao apagar a luz para dormir, estava tudo claro. Era dia e eu havia lido durante toda a noite.

REFERÊNCIAS BIBLIOGRÁFICAS

DOSTOIEVSKAIA, Anna Grigorievna. *Meu Marido Dostoiévski*. Rio de Janeiro: MAUAD Consultoria e Planejamento Editorial, 1999.

FRANK, Joseph. *Dostoiévski* – Um escritor em seu tempo. São Paulo: Companhia das Letras, 2018.

PONDÉ, Luiz Felipe. *Crítica e profecia* – A filosofia da religião em Dostoiévski. São Paulo: Editora 34, 2003.

TINOCO, Carlos Alberto. *S'iva Samhitâ*. São Paulo: Madras Editora, 2009.

AYAHUASCA

Bebi Ayahuasca pela primeira vez em Manaus, no final de 1968, a convite de amigos. Foi uma experiência, de início, terrível, e ao final numinosa (ver: OTTO, Rudolf. *O Sagrado*. Lisboa: Edições 70, 1992). A segunda vez foi na sede da União Do Vegetal (UDV), núcleo Caupuri, por volta de 1986. Dessa vez, a experiência foi deslumbrante, mística e profunda. Durante o transe (Borracheira), tive a oportunidade de "ver" o espírito de um vegetal. Uma das últimas vezes que bebi foi em minha residência, em companhia de amigos, em 1994. A última vez foi em Curitiba, por volta de 2004. Acredito ter ingerido Ayahuasca algumas dezenas de vezes.

A dose usual é de 150 ml aproximadamente, o que equivale a 3/4 de um copo comum. O transe total dura entre quatro e seis horas, em média cinco horas. Nenhuma experiência se assemelha a outra. Todas são diferentes entre si. O transe tem início 30 a 40 minutos após ser bebido o conteúdo do copo.

Pessoalmente, divido o transe da Ayahuasca em três fases distintas:

1.ª Fase: de 30 min a 1h30. Caracteriza-se pela "chegada da força", uma estranha sensação de poder. Em seguida, aparecem belas figuras geométricas coloridas, que surgem e desaparecem, tudo muito rápido, um fluxo cambiante de figuras multicores semelhantes a um caleidoscópio.

2.ª Fase: de 1h30 até 3h30. Caracteriza-se por visões de "espíritos"; muitos deles não possuem forma humana. Podem-se comunicar conosco e muitas vezes prestam ajuda. Ou podem apenas aparecer, sinalizar, acenar e desaparecer. Vozes ou barulhos incomuns podem ser ouvidos. Os sentidos são ampliados. Detalhes físicos imperceptíveis são agora percebidos facilmente.

3.ª Fase: de 3h30 ao final do transe. Caracteriza-se por um aquietamento das imagens. Há uma espécie de vazio que pode ser percebido e sentido. Inicia-se uma espécie de contato com zonas muito profundas do nosso próprio ser. Respostas podem ser dadas sobre questões não compreendidas, como problemas existenciais ou fatos que nos perturbam. Problemas são resolvidos e as respostas emergem do nosso próprio ser. Luzes podem ser vistas, experiências numinosas.

Vale destacar que existem muitas experiências ruins, em que, por exemplo, vivenciamos nossa própria morte, medos aparecem, pavor, figuras hediondas surgem e nos ameaçam. Quando isso ocorre, dizem os membros da União do Vegetal (UDV) que a pessoa está "na peia", um processo de purgação ou limpeza psíquica.

Percebe-se uma ampliação acentuada de detalhes do nosso psiquismo. Se estamos bem conosco, há a possibilidade de a experiência ser bela. Se estamos mal conosco, a experiência pode ser ruim.

É recomendável não ingerir bebidas alcoólicas nos dias que antecedem a experiência. No dia exato programado para "beber o vegetal", deve-se evitar comer demasiado.

Em 1968, quando bebi Ayahuasca pela primeira vez, como já disse acima, o transe foi terrível e grandioso. No final, vivenciei a experiência de fragmentação do meu Ser. Era como se meu Ser mais íntimo estivesse me transformando em pequenos pontos luminosos, que se expandiam em um imenso espaço vazio. Eu estava desaparecendo no nada. Senti verdadeiro terror! Fui ao banheiro, e ao chegar lá vi duas mãos de mármore vermelho rajado de branco que abarcavam todo aquele imenso espaço vazio. Ouvi uma "voz" que me disse algo como: "Meu filho, não tenha medo. Eu estou aqui para reunir os fragmentos do seu Ser". Enquanto ouvia isso, aqueles milhões de fragmentos de mim mesmo começaram a retornar ao ponto de origem. Senti-me reintegrado em mim mesmo! Ao voltar daquela experiência alucinante, me vi ajoelhado no chão daquele banheiro, com as duas mãos voltadas para o alto, como se tivesse recebido uma "Graça Divina".

Foi uma experiência esquizofrênica ou uma experiência mística?

Curitiba, 03/07/2022.

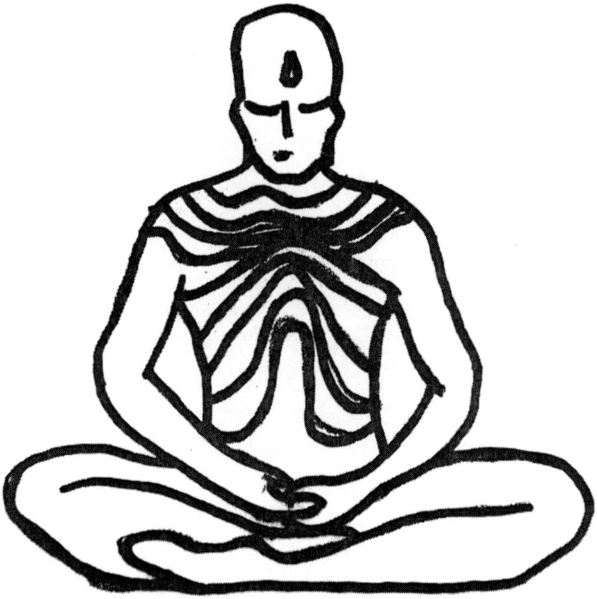

Glossário

Atman: no hinduísmo, Atman é o mais elevado princípio humano, a essência divina, sem forma e indivisível. A expressão também é utilizada no hinduísmo para expressar Brahman ou Paramatman. O Átma ou Atman é um termo filosófico do hinduísmo, especificamente do Vedanta, usado para identificar não a alma individual, mas o "verdadeiro eu", traduzido como "Eu" para dar um caráter divino a essa alma, pois, segundo o Advaita Vedanta, o atma é idêntico ao Absoluto ou Brahman, e está além da identificação com a realidade fenomenal da existência mundana.

Bardo: em sânscrito, Antarabava. É, para o budismo tibetano, um estado de existência intermediária entre a morte e o renascimento. São quatro os principais bardos:

- *Bardo do local de nascimento;*
- *Bardo do momento da morte;*
- *Bardo da verdadeira natureza dos fenômenos;*
- *Bardo do renascimento ou do vir a ser.*

O bardo do local do nascimento contém, ainda, mais dois bardos:

- *Bardo dos sonhos;*
- *Bardo do estado de meditação;*
- *Bardo estado da pessoa entre a vida e a morte.*

Totalizando, assim, seis bardos.

Brahmân: o Ser Supremo no Hinduísmo.

Buda Amitaba: também conhecido como Amitaio, é o principal Buda do Budismo da Terra Pura. No Budismo Vajrayana, ele é conhecido pelos atributos de longevidade, discernimento, percepção pura, purificação dos agregados e profunda consciência da vacuidade de todos os fenômenos. De acordo com o Sutra da Longa Vida, ele possui méritos imensuráveis resultantes de boas ações em inúmeras vidas passadas como um bodisatva chamado Darmácara. Amitaba significa "luz incomensurável", e Amitaio significa "vida incomensurável", então ele às vezes é chamado de "o Buda de luz e vida incomensuráveis".

Dakini: Dakini pode ser compreendida como uma deidade feminina. No idioma tibetano, o termo Dakini é Khandroma, que significa "aquela que atravessa o céu" ou "a que se movimenta no espaço"; também se refere a "bailarina celeste" ou "andarilha celeste".

Deusa Tara: Deusa da compaixão e da cura. No budismo tibetano, Tara é a personificação feminina de Buda. No mito tibetano, uma princesa chamada Yeshe Dawa (lua da sabedoria primordial) era seguidora de um Buda, e atinge um nível altíssimo de consciência e a partir desse momento se torna uma Bodhisattva feminina. Ela é representada em várias cores, cada uma específica ao assunto a ser tratado.

- *Tara verde: conhecida por atingir a iluminação.*
- *Tara branca: conhecida por sua compaixão e poder de cura.*
- *Tara vermelha: conhecida por seu poder de atração e concretização material.*
- *Tara amarela: conhecida pela riqueza e prosperidade.*
- *Tara azul: conhecida pelo poder de transmutar a raiva.*

Na figura acima, Deusa Tara[1]

Dharma: é um conceito-chave com múltiplos significados nas religiões indianas – hinduísmo, budismo, siquismo e jainismo. Não há tradução de uma única palavra para "dharma" nas línguas ocidentais. O significado da palavra "dharma" depende do contexto, e seu significado evoluiu à medida que as ideias do hinduísmo se desenvolveram ao longo de sua longa história. Nos textos mais antigos, o darma significava a lei cósmica. Nos Vedas posteriores, o significado tornou-se refinado, mais rico, complexo, e a palavra "dharma" foi aplicada em contextos diversos. Em certos contextos, o dharma designa comportamentos humanos considerados necessários no universo, princípios que impedem o caos, os comportamentos e as ações necessárias a toda a vida na natureza, na sociedade, na família e no nível individual. Com respeito ao seu significado espiritual, pode ser considerado como o "Caminho para a Verdade Superior". O dharma é a base das filosofias, crenças e práticas que se originaram na Índia. A mais antiga dessas, conhecida como hinduísmo, é o *Sanatana Dharma* (ou "Darma Eterno"). No budismo, no jainismo e no siquismo, o dharma também tem um papel axial.

---

[1] Disponível em: https://consciencial.org/mae-divina/deusa-tara-da-compaixao-e-seu-mantra/

Hart Crane: (21 de julho de 1899 – 27 de abril de 1932) foi um poeta modernista dos Estados Unidos. Começou a escrever poesia moderna quando foi viver em Nova Iorque, influenciado por Pound e T. S. Eliot, escrevendo ainda em formas tradicionais e arcaicas. Em 1926, quando publicou sua primeira coleção de poemas, ainda sofria influência simbolista.

Após a publicação de Bridge, em 1930, livro cheio de otimismo em relação aos EUA, Hart Crane entrou numa profunda depressão, embora continuasse a produzir em estilo requintado. Depois de obter uma bolsa de estudos no México e de se mudar para lá por algum tempo, na viagem de regresso, Hart Crane suicidou-se atirando-se ao mar.

Samniasyn: ou Sannyasa, é o estágio de vida do renunciante dentro do sistema de filosofia hindu de quatro estágios de vida baseados em idades, conhecidos como ashramas. É o estágio mais alto e final do sistema de Ashrama, e tradicionalmente é levado por homens ou mulheres com mais de 50 anos. As pessoas nessa fase da vida desenvolvem vairãgya, ou um estado de desapaixonamento e desapego da vida material, renunciando a pensamentos e desejos mundanos para passar o resto de suas vidas na contemplação espiritual. Um membro da ordem sannyasa é conhecido como sannyasin ou sannyasini.

Terra Pura: uma vertente do budismo Mahayana também conhecida como Amidismo devido à sua característica devoção ao Buda Amida, o Buda da Vida e Luz Infinitas. O budismo da Terra Pura é o maior ramo amplo do Budismo Mahayana e uma das tradições mais amplamente praticadas do budismo no leste da Ásia. Por sua doutrina apresentar um caminho de prática acessível a maior variedade de pessoas independentemente de suas limitações e capacidades de compreensão, o Budismo da Terra Pura é facilmente expandido e praticado entre as massas.